Du strahlst im Glanz der Sonne,
Maria, hell und rein;
von deinem lieben Sohne
kommt all das Leuchten dein.
Durch deinen Glanz der Gnaden
sind wir aus Todes Schatten
kommen zum wahren Schein.

Johann Khuen

Eva Dicks [Hg.]

Freu dich, du Himmelskönigin

Mariengebete

Butzon & Bercker

Gegrüßet seist du, Maria

Gegrüßet seist du, Maria.
Du bist für uns da am Weg.
Der Herr ist mit dir,
als Kind in deinem Arm,
als Gekreuzigter auf deinem Schoß.
Du bist gesegnet unter den Frauen
und gesegnet sind, die mit dir sagen:
„Dein Wille geschehe!"
Heilige Maria, Mutter Gottes, bitte für uns,
jetzt und in der Stunde unserer Ankunft.

Verfasser unbekannt

Auf die Fürsprache Mariens
werde vom Herrn uns zuteil
Leben und Gnade, Friede und Heil.

Kevelaerer Segensbitte

Gedenke, gütige Jungfrau

Gedenke, gütige Jungfrau Maria,
es ist noch nie gehört worden, dass jemand,
der zu dir seine Zuflucht genommen,
deine Hilfe angerufen
und um deine Fürbitte gefleht,
von dir sei verlassen worden.
Von solchem Vertrauen beseelt,
nehme ich zu dir meine Zuflucht,
Mutter, Jungfrau der Jungfrauen,
zu dir komme ich, vor dir stehe ich
als armer sündiger Mensch.
Mutter des ewigen Wortes,
verschmähe nicht meine Worte,
sondern höre mich gnädig an und erhöre mich!
Amen.

Aus dem 15. Jahrhundert

Unterwegs zu dir

Mutter der Christenheit,
du Erste unter allen, die das Wort hören,
im Herzen bewahren, bis es sich erfüllt.
Du Erste unter allen, die hinter Jesus her
den Weg nach Jerusalem gehen,
mitgehen bis Golgota.
Du Erste unter allen, denen durch das Kreuz
deines Sohnes das eigene leicht wurde.
Mutter der Christenheit, du unser Trost,
wir sind unterwegs zu dir.

Verfasser unbekannt

Ja, so bist du, Maria

„Da sagte Maria: Ich bin die Magd des Herrn;
mir geschehe, wie du es gesagt hast."
Offen für Gottes Auftrag – Ja, so bist du, Maria!

„Meine Seele preist die Größe des Herrn,
und mein Geist jubelt über Gott, meinen Retter."
Erfüllt von Freude und Dankbarkeit –
Ja, so bist du, Maria!

„Dir selbst aber wird ein Schwert
durch die Seele dringen."
Mit Mut einer schweren Zukunft entgegengehend
– Ja, so bist du, Maria!

„Kind, wie konntest du uns das antun? Dein
Vater und ich haben dich voll Angst gesucht."
Stark in schweren Situationen –
Ja, so bist du, Maria!

„Bei dem Kreuz Jesu standen seine Mutter ..."
Treu bis zur letzten Konsequenz –
Ja, so bist du, Maria!

„Sie alle verharrten dort einmütig
im Gebet, zusammen mit den Frauen und mit
Maria, der Mutter Jesu."
Im Gebet mit der Kirche verbunden –
Ja, so bist du, Maria!

Verfasser unbekannt

Nun bitten wir dich, Mutter,
und auch der Mutter Kind,
die Reine und den Guten,
dass sie uns Hüter sind.
Ohn eure starke Hilfe kann keiner
wohl gedeihn,
und wer uns das bestritte,
der muss recht töricht sein.

Walther von der Vogelweide

Lass mich nie aus deinem Auge

Maria, du meine große und gute Mutter!
Du bist die Freude meines Lebens.
Du weist mir den Weg und die Richtung
auf den vielen Straßen meines Lebens.
Aber du kennst auch meine Schwächen
und weißt, wie viel nur ungetanes Wollen bleibt.
Darum bitte ich dich:
Begleite mich stets mit deinem wissenden
Blick und deinem hörenden Herzen,
wohin immer ich gehe!
Lass mich nie aus deinem Auge
und entziehe mir nie die Güte deines
Mutterherzens!
Danke, gute und heilige Frau!

Reinhard Abeln

Aus der Kraft des Glaubens

Maria, du wirst gerühmt, weil du geglaubt hast,
so sagt deine Verwandte Elisabet.
Am Eingang des Neuen Testaments stehst du,
um uns den Weg zu weisen,
den Weg des Glaubens.
Du bist an die Seite gestellt
einem anderen, dessen Glaube gerühmt wird:
Am Eingang des Alten Testaments
nimmt diesen Platz ein Mann ein:
Abraham gilt als der Vater des Glaubens.
Jetzt steht neben ihm eine Frau –
eine Frau an so wichtigem Platz.
Dein Glaube, Maria, ist Leitbild für alle,
die deinem Sohn folgen.
Maria, du unsere Schwester im Glauben,
zeig uns, was es heißt,
aus der Kraft des Glaubens zu leben.

Eleonore Beck und Gabriele Miller

Hier sein, wo du bist

Mutter Jesu Christi,
ich komme nicht, um zu beten.
Ich habe nichts zu geben
und weiß nicht, um was ich bitten soll.
Ich will dich nur sehen, Mutter;
dich sehen und vor Glück weinen
und wissen, dass ich dein Kind bin;
dass du da bist.
Nur einen Augenblick hier sein,
wo du bist, Maria.
Weil du da bist, für immer da bist,
ganz einfach, weil du Maria bist,
die Mutter Jesus Christi,
danke ich dir.

Paul Claudel

Mutter Gottes, liebe Frau

O Maria, sei gegrüßt,
die du voller Gnade bist;
sei gegrüßt, du höchste Zier:
Gott der Herr ist selbst mit dir.

Du bist nun gebenedeit
vor den Frauen allezeit.
Lob dem, der dich heimgesucht,
Jesus, deines Leibes Frucht.

Mutter Gottes, liebe Frau,
auf uns arme Sünder schau;
bitt für uns bei deinem Sohn,
dass er uns im Tod verschon.

Nach Philipp von Schönborn

Maria, Himmelskönigin

Maria, Himmelskönigin,
der Engel hohe Herrscherin,
o Wurzel, der das Heil entsprießt,
du Tor des Lichtes, sei gegrüßt!

Freu dich, du bist an Ehren reich,
dir ist an Gnaden keine gleich.
Ach bitt für uns an Gottes Thron
bei Jesus, deinem lieben Sohn!

Rottenburger Gesangbuch 1867

Schau voll Güte auf alle

Heilige Maria, inmitten der Tage deiner
Herrlichkeit
vergiss nicht die Betrübnisse der Erde!
Schau voll Güte auf alle, die Leid tragen,
und auf alle, die mit Schmerzen zu kämpfen
haben,
auf alle, die ohne Unterlass die Bitterkeit
des Lebens verkosten müssen.
Habe Mitleid mit denen, die sich lieben und
getrennt sind;
habe Mitleid mit der Einsamkeit des Herzens;
habe Mitleid mit der Schwäche unseres
Glaubens;
habe Mitleid mit denen, die wir lieben;
habe Mitleid mit allen, die weinen,
mit denen, die flehen, mit denen, die zittern.
Gib ihnen Hoffnung und Frieden.

Josef Gülden

Alles möcht ich dir erzählen

Alles möcht ich dir erzählen,
alle Sorgen, die mich quälen,
alle Zweifel, alle Fragen
möcht ich, Mutter, zu dir tragen.

Wege, die ich selbst nicht kenne,
liebe Namen, die ich nenne,
Schuld, die ich mir aufgeladen,
andern zugefügten Schaden,

Ärgernis, so ich gegeben,
all mein Wollen, all mein Streben,
mein Beraten, mein Verwalten,
mein Vergessen, mein Behalten,

mein Begehren, mein Verzichten
und mein Schweigen und mein Richten,
alle kleinen Kleinigkeiten,
die so oft mir Müh bereiten,

jedes Lassen, jede Tat,
Mutter dir, vom Guten Rat,
leg ich alles in die Hände –
du führst es zum rechten Ende.

Aus einem Gebetbuch von 1934

Ich bau auf deine Macht und deine Güte,
vertrau auf sie mit kindlichem Gemüte.
Ich glaub, vertrau in allen Lagen blind
auf dich, du Wunderbare, und dein Kind.

Josef Kentenich

Bleib bei uns

Die Verwundeten der Erde bitten dich, Maria:

Bleib bei uns,
wenn wir am Kreuz hängen;
wenn wir am Abgrund sind;
wenn wir vor einer Mauer stehen;
wenn wir uns bekämpfen
auf eine Art und Weise,
deren wir uns selber schämen;
wenn wir hilflos sind in unserem Hass;
wenn wir uns selbst zerstören.

Du hast hilflos zusehen müssen,
wie dein Sohn unter schrecklichen Qualen
am Kreuz erstickte.

Es kam kein Elias und kein Gott.
Bleib bei uns, Maria!
Gib uns deinen Glauben,
wenn Gott für uns wie abwesend ist.
Gib uns deinen Glauben!

Martin Gutl

Ich möchte dich kennen lernen, Maria

Ich möchte dich kennen lernen, Maria,
dich, wie du warst, ehe die Freunde deines Sohnes
dich verklärten und erhöhten,
in Himmelblau kleideten und Lilienweiß,
dich zierten mit dem goldenen Schein.

Ich möchte dich fragen, Maria, Mädchen aus Nazaret,
wie es ist, wenn Gott den Engel schickt,
wenn er fordert, was man geträumt und geplant
zu lassen, die Zukunft anzunehmen aus seiner Hand.

Ich möchte mit dir sein, Maria, nahe bei Jesus,
ihn annehmen, wie du ihn angenommen,
bereit zu hören, die dunklen Worte im Herzen
bewegen, vertrauen wie du.

Verfasser unbekannt

Du meine Mutter, ich dein Kind

Da knie ich, Maria, vor deinem Bild,
mein Herz von Freude und Jubel erfüllt;
drin flüsterts und klingt es so leise, so lind:
Du meine Mutter, ich dein Kind.

Und wenn man mich fragte, was ich gedacht,
warum mir das Auge so fröhlich gelacht,
da säng ich zum Himmel die Worte geschwind:
Du meine Mutter, ich dein Kind.

Und kniete ich stundenlang, stundenlang hier,
nichts andres, o Jungfrau, sagte ich dir
als die Worte, die mir die liebsten sind:
Du meine Mutter, ich dein Kind.

Und rings von den blühenden Zweigen all,
da tönten die Worte im Widerhall;
und ins Land da trüg sie der leise Wind:
Du meine Mutter, ich dein Kind.

Wallfahrtslied Maria Hilf, Linden

Du bist unsere Hoffnung

Maria, du bist unsere Hoffnung,
weil du alle Leiden unserer armen
Menschlichkeit gekannt hast.
Du hast die Armut in Betlehem
kennen gelernt, die Drohung der Verfolgung
und die Flucht nach Ägypten,
die Unruhe auf der Pilgerschaft nach Jerusalem,
die Angst am Abend des Gründonnerstags,
die Qualen des Kreuzweges,
die Einsamkeit am Fuße des Kreuzes.
Du bist unsere Hoffnung,
denn in all diesen Momenten hast du
eingestimmt in den Willen des Herrn.
Du bist unsere Hoffnung,
weil Jesus selbst, als du unter dem Kreuze
standest, uns dir anvertraut hat.
Weil du wahrhaft unsere Mutter bist,
führe uns zu Jesus, deinem Sohn;
hilf uns, ihm zu folgen, auf dass
unsere Hoffnung nicht enttäuscht werde.

Thomas Suavet

Wein für die Menschen

Ich möchte dir danken, Mutter,
denn voll Güte erahnst du das Leid
der Menschen.
Auch ohne dass wir es erbitten,
erfüllst du deine Rolle als Fürsprecherin,
deine Aufgabe als Mutter.
Du hast den Wein der Erde gekostet –
so armselig er ist und so viel es davon gibt.
Du hast aber auch den göttlichen Wein
gekostet – den wahren Wein.
Man kann sich leicht vorstellen, dass du
im Himmel deine Zeit damit verbringst,
deinen Sohn um Wein zu bitten für die
Menschen.

Dom Hélder Câmara

Lob dir in den Himmelshöhen

Lob dir in den Himmelshöhen,
reine und glorreiche Jungfrau und Mutter Maria!
Würdig und recht ist es, dich zu preisen
und dich zu bitten als unsere Mutter
und Fürsprecherin bei Gott.
Dir, Begnadete, jubelt die ganze Schöpfung zu,
die Scharen der Heiligen und die Menschheit.
Du bist der geweihte Tempel,
du die Krone aller Frauen,
die Christus geboren hat zur Freude aller Welt.
Dir jubelt die ganze Schöpfung zu,
dir sei die Ehre und der Ruhm!
Amen.

Aus der Jakobus-Liturgie

Nimm dich um alle an

Breit deinen Mantel aus, Maria,
über alle, die heimatlos sind und entwurzelt,
Geborgenheit brauchen wie das tägliche Brot.
Komm den Suchenden entgegen,
die Irrenden lass zu dir finden,
damit sie aufatmen können.
Schenk denen Hoffnung und Trost,
deren Herz voll Bitternis ist.
Nimm dich um alle an, die keine Mutter haben.
Die Ungeliebten dieser Erde lass erfahren,
was Liebe ist.
Breit deinen Mantel aus, Maria.

Eleonore Beck

O Mutter, mach mich so wie du

O Mutter mach mich so wie du,
voll Liebe und voll heiliger Ruh,
so liebefroh und gottbereit,
ein Gotteslob zu aller Zeit!

O Mutter, mach mich so wie du
und lehre mich, was lieben heißt,
dass opferfroh ich Liebe schenke
und nimmer an mich selber denke!

O Mutter, mach mich so wie du,
dass ich stets Gottes Willen tu,
in Sturm und Schmerzen ihn verstehe
und leidensfroh den Kreuzweg gehe!

Und bin ich auch voll Schuld und Sünd,
o Mutter, ich bin doch dein Kind,
ich weiß, du machst einst alles gut,
durch Jesu Lieb und Jesu Blut.

Palmatius Zillingen

Königin des Himmels und der Erde

Maria, Königin des Himmels und der Erde, ich weiß, dass ich nicht würdig bin, mich dir zu nähern, doch da ich dich so sehr liebe, wage ich es, dich zu bitten, du mögest so gütig sein und mir erklären, wer du bist.

Ich möchte dich immer besser kennen lernen, damit ich dich immer mehr lieben und ehren kann, mit einem Eifer, der keine Grenze kennt. Und ich möchte auch anderen mitteilen, wer du bist, damit immer mehr Menschen dich immer besser kennen und immer inniger lieben, damit du die Königin aller Menschen sein kannst, aller Herzen, die hier auf Erden schlagen.

Einige kennen nicht einmal deinen Namen, andere wagen es nicht, auf dich zu schauen, wieder andere glauben, auch ohne dich das Ziel ihres Lebens erreichen zu können.

Es gibt viele Menschen, die dich lieben,
aber es gibt wenige, die aus Liebe zu dir
zu allem bereit sind: zu Mühen und Leiden
oder sogar zum Opfer ihres Lebens.
Wann wirst du in allen Herzen Königin sein?
Wenn die Bewohner dieser Erde
dich als Mutter anerkennen,
wenn der Vater im Himmel
wirklich Vater sein kann
und alle Menschen sich als Brüder fühlen?

Maximilian Kolbe

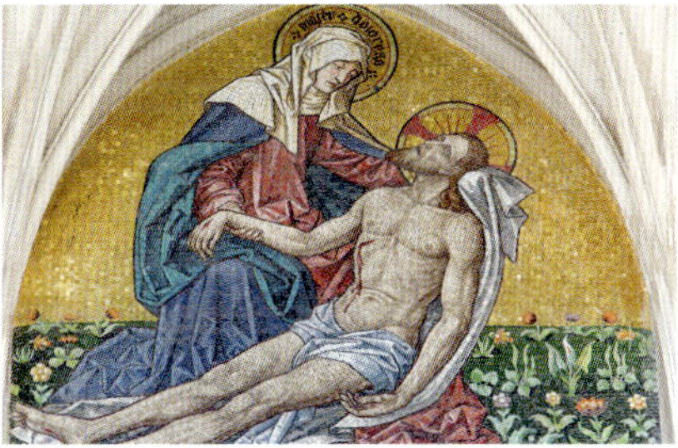

Hilf, Maria, es ist Zeit

Hilf, Maria, es ist Zeit,
hilf, Mutter der Barmherzigkeit!
Du bist mächtig, uns aus Nöten
und Gefahren zu erretten;
denn wo Menschenhilf gebricht,
mangelt doch die deine nicht.

Nein, du kannst das heiße Flehen
deiner Kinder nicht verschmähen.
Zeige, dass du Mutter bist,
wo die Not am größten ist.

Hilf, Maria, es ist Zeit,
hilf, Mutter der Barmherzigkeit!

Überliefert

Mutter des Lichts

Glorwürdige Königin, himmlische Frau,
milde Fürsprecherin, reinste Jungfrau.
Wende, o Mutter und Königin du,
deine barmherzigen Augen uns zu.

Mutter der Gütigkeit, Mutter des Herrn,
über die Himmel weit leuchtender Stern.
Wende, o Mutter und Trösterin du,
deine barmherzigen Augen uns zu.

Mutter in Todesnot, Mutter des Lichts,
wenn uns Verderben droht, fürchten wir nichts.
Wende, o Mutter und Schützerin du,
deine barmherzigen Augen uns zu.

Alphons von Liguori

Du bist die Himmelskönigin

Maria, du bist die Himmelskönigin,
unsres Gottes Gebärerin;
du bist des Schöpfers Ruhm und Zier,
du bist des Paradieses Tür;
du bist des Höchsten Freud und Leben,
ein Tempel der Dreifaltigkeit;
durch dich wird uns Barmherzigkeit
von Gott erzeiget und gegeben.

Angelus Silesius

Maria, Quell der Gütigkeit,
du Mutter der Barmherzigkeit:
Beschirme uns, der Feind uns droht;
begleit uns in des Todes Not!

John Henry Newman

Wir loben dich, Maria rein

Maria, wir verehren,
den heilgen Namen dein,
und deinen Ruhm zu mehren,
soll unsre Freude sein.

Maria, sieh, dich nennet
dein Name Herrscherin;
die ganze Welt erkennet
in dir die Königin.

Dein Nam kann auch bedeuten
das weite tiefe Meer;
draus fließt zu allen Zeiten
die Gnade reichlich her.

Dein Nam auch lässt uns sehen
in dir den Meeresstern;
o Stern aus Himmelshöhen,
leucht allen nah und fern!

O Stern, leucht uns auf Erden,
o Meer, gieß Gnaden aus,
hilf, dass wir selig werden,
führ uns ins Vaterhaus.

Heilige Maria,
uns zum Heil geboren,
dich begrüßen Groß und Klein,
loben dich, Maria rein.

Münster 1866

O Mutter, rette den Frieden

Lasset uns beten für den Frieden unsrer Erde,
denn der Friede der Erde ist todkrank.
Die du vom Geist des Friedens gegrüßt wurdest,
erbitte uns den Frieden!
Die du das Wort des Friedens in dich aufnahmst,
erbitte uns den Frieden!
Die du das heilge Kind des Friedens
der Welt geboren hast,
erbitte uns den Frieden!
Du Helferin des Allversöhners,
du Willige des Allverzeihers,
du Hingegebene an sein ewiges Erbarmen,
erbitte uns den Frieden!

Um der Angst der Kreaturen willen,
wir bitten dich um Frieden.
Um der kleinen Kinder willen,
die in ihren Wiegen schlafen,
wir bitten dich um Frieden.
Um der Greise willen,
die so gern in ihren Betten stürben,
wir bitten dich um Frieden.

Du Mutter der Schutzlosen,
du Feindin der Herzlosen,
du klarer Stern in allen Wolken der Verwirrung,
wir bitten dich um Frieden!
Um der ganzen Menschheit willen,
darin Gottes Ebenbild versinkt,
rette doch, o Mutter, rette doch den Frieden –
rette ihn um deines Sohnes willen,
dass er nicht umsonst für uns gekreuzigt wurde!

Mutter, Mutter, schmerzensreichste
aller Kreaturen,
nimm in deine Arme die verlorne Welt!
Bitte um die Auferstehung unsres Friedens!
Du Braut des lebendigen Gottes,
du Mutter des auferstandenen Gottes,
du Königin im Reich des ewigen Gottes.
Amen. Amen. Ja, es wird geschehen.
Ostern wird es werden für den toten Frieden,
Frieden wird es werden
um den Frieden dieser armen Welt.

Gertrud von Le Fort

Segne mich, dein Kind

Segne du, Maria, segne mich, dein Kind,
dass ich hier den Frieden, dort den Himmel find!
Segne all mein Denken, segne all mein Tun,
lass in deinem Segen Tag und Nacht mich ruhn!

Segne du, Maria, alle, die mir lieb,
deinen Muttersegen ihnen täglich gib!
Deine Mutterhände breit auf alle aus,
segne alle Herzen, segne jedes Haus!

Segne du, Maria, unsre letzte Stund!
Süße Trostesworte flüstre dann der Mund!
Deine Hand, die linde, drück das Aug uns zu,
bleib im Tod und Leben unser Segen du.

Cordula (Peregrina) Wöhler

Bitte für mich

Heller als die Sonne,
schöner als die Morgenröte bist du, Maria,
gute und heilige Mutter!
Königliche Frau, voll der Gnaden,
aller Engel und Heiligen Freude,
aller Christen Hilfe bist du, Maria.
Bitte für mich bei Gott,
du, meine Schwester und Mutter!

Nach Hildegard von Bingen

Quellennachweis

Texte: S. 10: aus: Reinhard Abeln, Patronin voller Güte. Mariengebete, © 2013 Lahn-Verlag in der Butzon & Bercker GmbH, Kevelaer, www.lahn-verlag.de; S. 12: aus: Frauen und Gott. Gedanken und Gebete, S. 343f.; S. 19: © Josef Kentenich; S. 20: © Karl Mittlinger; S. 25: aus: Helder Camara, Maria – eine Mutter auf dem Weg, 1989, S. 22, © Verlag Neue Stadt GmbH, München, www.neuestadt.com; S. 27: © Eleonore Beck; S. 24: aus: Chrysostomus Ripplinger (Hg.), Marienlob in der Gemeinde. Maiandachten, © 2. Auflage 1997 Butzon & Bercker GmbH, Kevelaer, www.bube.de; S. 38: © Deutsche Schillergesellschaft, Marbach am Necker

Wir sind bemüht, jeweils die genaue Quelle anzugeben. Trotz intensiver Recherche war dies nicht in allen Fällen möglich. Für entsprechende Hinweise ist der Verlag dankbar.

Fotos: Cover, S. 3, 5, 7, 11, 15, 27, 29, 31, 37, 41, 42: © Renáta Sedmáková – Fotolia.com; S. 17: © ATLANTISMEDIA – Fotolia.com; S. 19: © CURAphotography – Fotolia.com; S. 23: © Rolf Blesch; S. 35: © fotogiunta – Fotolia.com

Bibliografische Information der Deutschen Nationalbibliothek

Die Deutsche Nationalbibliothek verzeichnet diese Publikation in der Deutschen Nationalbibliografie; detaillierte bibliografische Daten sind im Internet über http://d-nb.ddb.de abrufbar.

verlags gruppe engagement

Das Gesamtprogramm von Butzon & Bercker finden Sie im Internet unter www.bube.de

ISBN 978-3-7666-2181-8

Umschlaggestaltung, Layout und Satz: Werner Dennesen, Weeze
Printed in the Czech Republic